DE
L'OPPOSITION
PARLEMENTAIRE,

CE QU'ELLE EST, ET CE QU'ELLE DOIT ÊTRE EN FRANCE.

PAR L'AUTEUR

DE LA FRANCE TELLE QUE M. KÉRATRY LA RÊVE

etc. etc.

PARIS,

DE L'IMPRIMERIE D'ADRIEN ÉGRON,

rue des Noyers, n° 37.

1821.

que par l'ignominie à laquelle se livre celui qui la recherche.

C'est alors que les formes représentatives du Gouvernement, au lieu de contribuer à la liberté et au bonheur des citoyens, ne font qu'appesantir sur lui le joug du despotisme. On ne cesse de parler de l'opinion publique, et l'on ne songe pas que c'est dans les gouvernemens absolus que l'opinion publique a le plus de force. Cette idée paraîtra peut-être paradoxale ; mais nous répondrons que l'opinion du public n'agit que quand ce public n'a ni force ni pouvoir ; il possède l'un et l'autre dans les gouvernemens représentatifs : l'action de son opinion devient par conséquent superflue, et dès-lors nulle ; d'ailleurs les faits parlent. Combien de fois une chanson n'a-t-elle pas, sous l'ancien régime, empêché ou fait révoquer un édit auquel le Parlement, par ses remontrances, s'était vainement opposé ? On se rappelle encore qu'une caricature fit ajourner d'un au un projet ambitieux de Buonaparte. On ne peut rien citer de semblable sous une constitution représentative.

On nous opposera peut-être le principe de la liberté de la presse, regardé comme inséparable de tout gouvernement représentatif. Ce principe même vient à l'appui de notre système, au lieu de l'affaiblir, car, dans les états constitu-tionnels, on n'écrit jamais pour éclairer le Gou-vernement ; on empiéterait sur les droits et l'office des Chambres qui sont instituées pour cet objet : on n'écrit réellement que pour attirer ses concitoyens à ses opinions, et les faire triompher. Dans les monarchies absolues, la satire la plus sanglante s'adresse à celui-là même qu'elle attaque : car ce n'est que sous le voile de l'anonyme que l'on peut lui donner des le-çons dont on espère qu'il profitera, et dont en effet il profite souvent.

Que l'on ne croye pas, d'après ce que nous venons de dire, que nous méconnaissions l'in-fluence des écrits dans les gouvernemens cons-titutionnels : nous disons seulement que cette influence n'est qu'indirecte. Elle ne peut ni ne doit vouloir aller au-delà. Du moment où un écrivain prétendrait régenter l'administration, il deviendrait factieux, quand même son écrit n'aurait rien de répréhensible en soi. Il doit se borner à exposer ses opinions, à les soutenir par toutes les raisons et par tous les argumens qu'il pourra imaginer, à réfuter ceux de ses ad-versaires, et augmenter, par ce moyen, le nombre de citoyens qui partagent ces mêmes opinions. Il est évident que s'il parvient à avoir de son côté une majorité sur un point du royaume, son opinion triomphera dans les élections, elle aura dès-lors un organe auprès du Gouvernement ; et si ces organes deviennent à leur tour assez nombreux, ils forceront l'administration à suivre leurs vues.

Quand Rousseau a dit que le peuple anglais n'était libre qu'une fois tous les sept ans, il a prouvé que, tout en s'occupant, pendant une grande partie de sa vie, de législation, il en ignorait encore les premiers élémens. Comme la plupart des philosophes du dernier siècle, et comme tous nos libéraux d'aujourd'hui, il confondait la participation au gouvernement avec la liberté. A la vérité, le peuple anglais ne participe au gouvernement que dans le moment des élections; mais c'est cette participation réglée qui assure sa liberté dans l'intervalle d'une élection à l'autre.

Il est vrai que la liberté ne se maintient que par une participation quelconque à l'administration de la chose publique, puisque, sans elle, les mesures du Gouvernement pourraient devenir arbitraires, sans que le peuple conservât aucun autre moyen de faire changer ces mesures, que cette influence de l'opinion publique dont nous avons parlé plus haut, et qui, quoi-

(5)

que réelle, est longue et incertaine. Mais l'action du peuple n'a pas besoin d'être constante; le grand problême de la législation est même de la rendre aussi rare que possible, sans la faire tomber en désuétude. Ce problême a été résolu en Angleterre, c'est-à-dire dans les gouvernemens représentatifs.

En Angleterre, l'action directe du peuple sur le gouvernement a lieu une fois tous les sept ans, et se maintient indirectement par l'opposition parlementaire et la liberté de la presse. La première empêche les empiétemens du pouvoir; la seconde apprend au peuple à juger sainement de ce qui se passe autour de lui. Si l'opposition cessait, ou si la presse n'était plus libre, l'intervalle des élections serait incontestablement trop grand; c'est alors que les Parlemens annuels deviendraient la seule ressource de la liberté: triste ressource, plus nuisible peut-être que le mal qu'elle voudrait empêcher.

La liberté de la presse pourrait encore se remplacer par les assemblées populaires; et nous ne croyons pas qu'il y ait personne de bonne foi qui veuille sacrifier l'une aux autres. Ensemble elle sont inutiles et dangereuses, et nous sommes convaincus que l'Angleterre finira par renoncer à ses assemblées populaires.

Ce sera alors aussi qu'elle abandonnera les pétitions collectives, aussi contraires à l'esprit d'un gouvernement représentatif, que les assemblées ou les insurrections. Chaque particulier doit incontestablement avoir le droit d'entretenir la législation de ses intérêts individuels, et de réclamer pour ce qui le regarde personnellement l'exécution des lois; mais une réunion d'individus, à moins qu'ils ne forment un corps, ayant des intérêts distincts du reste des citoyens, ne sauraient exercer de pouvoir autre que celui de nommer ses députés, sans cela le gouvernement ne serait plus représentatif, mais démocratique, à la manière des républiques anciennes.

Après avoir démontré qu'une opposition parlementaire est nécessaire dans une monarchie représentative, point sur lequel tout le monde sera sans doute d'accord avec nous, il faut que nous voyions quelle doit être cette opposition, et comment elle doit agir.

Les habitans d'un pays, en tant que citoyens ou hommes publics, sont de quatre caractères différens. Les uns, mettant leur liberté dans le repos et la jouissance des biens de la vie, sont essentiellement ennemis de tout ce qui peut troubler leur tranquillité, et prêts à faire même de très-grands sacrifices pour la conserver. Ceux-ci seront toujours portés à soutenir les mesures de l'autorité, dût-il même s'y trouver un peu d'arbitraire. Viennent ensuite les gens d'un caractère fier, poussant à l'excès l'amour de l'indépendance, se méfiant, à tort ou à raison, de tout ce qui leur paraît devoir y porter atteinte. On les verra, dans toutes les occasions, opposés, de bonne foi, aux démarches, même les plus justes du Gouvernement : car, sachant que la puissance est naturellement usurpatrice, ils croyent ne pouvoir se mettre à l'abri de ses projets qu'en la harçelant sans cesse, en tenant toujours les yeux attachés sur elle, et en combattant tout ce qu'elle propose ; semblables à Laocoon, qui craignait les Grecs, même quand ils portaient des offrandes aux pieds des autels. La troisième classe des citoyens sera celle des hommes ambitieux et intéressés : pour l'autorité, quand elle leur est favorable ; contre elle, quand elle les abandonne, on ne s'étonnera pas de les voir changer vingt fois d'opinion et de système. Esclaves aujourd'hui, démagogues demain, toujours égoïstes, ils ne sont mûs que par l'impulsion du moment. Tant que le Gouvernement aura des places ou de l'argent à donner, il sera sûr de les posséder, pourvu

qu'ils lui paraissent valoir la peine d'être achetés. Enfin nous nommons, en dernier lieu, ces
hommes véritablement vertueux et indépendans, qu'aucun intérêt personnel ne peut in-
fluencer, et qui joignent à un beau caractère
un jugement sûr et profond; ils appuyent le
Gouvernement, tant qu'il leur paraît avoir raison, le combattent quand il a tort à leurs yeux,
et sont sûrs de gagner l'estime de tout le monde.

Si la nation entière se compose de citoyens
de ces quatre classes, il est tout simple qu'on
en retrouve dans la Chambre élective, et dans
la même proportion, à-peu-près, que dans la
nation même : nous disons à-peu près, car la
classe des soutiens de l'autorité, et celle de ses
adversaires, seront un peu plus fortes en proportion des deux autres. En voici la raison.
De quelque manière que l'on ait combiné le
mode des élections, le Gouvernement y aura,
et doit même y avoir une influence marquée,
dont il se servira pour faire entrer dans les
Chambres ceux de l'appui desquels il est cer-
tain; d'un autre côté, les adversaires décidés
du Gouvernement se croyant les défenseurs
nés des droits du peuple, et étant naturellement
d'un caractère remuant, vu leur méfiance, ils
se mettent volontiers au nombre des candidats.

Se trouvant, par-là, en vue, et comptant dans leurs rangs beaucoup d'hommes qui, faisant du patriotisme une espèce d'état, étalent en tous lieux leurs beaux sentimens, il n'est pas surprenant qu'ils recueillent les voix de tous les citoyens qui n'ont pas de motifs particuliers pour les donner à d'autres. Aussi l'on aurait grand tort de juger de leur nombre, dans la nation, par celui d'entre eux qui occupe des places dans la Chambre législative.

Sans vouloir spécifier la proportion dans laquelle chacune de ces classes s'y présentera, on concevra facilement, par ce que nous venons de dire, que le Gouvernement aura toujours la majorité des voix, quand il le voudra, c'est-à-dire quand ses mesures seront justes et raisonnables. Il est toujours sûr de celles de la première classe. Celle des ambitieux ou des intéressés se partage en deux parties à-peu-près égales; l'une en place, qui vote avec le Gouvernement; l'autre, hors de place, qui lui est contraire. Cette distinction est, comme en Angleterre, sous le nom de *outs* et *ins* (dehors et dedans). Les indépendans véritables sont toujours pour le Gouvernement, quand il a raison. Restera donc les méfians et la moitié des ambitieux : ceux-ci forment le parti essentiellement d'opposition; il est et doit être en minorité, à moins que le Gouvernement ne fasse des fautes graves. Il remporte pour lors une victoire momentanée, dont nous allons examiner les suites.

Le premier effet de cette victoire, est de déplacer les deux moitiés du parti des ambitieux : les *outs* deviennent *ins*, et *vice versâ*, ce qui ne change rien au nombre de voix. Quant à la seconde classe, que nous appellerons les amis de la liberté, naturellement inquiets et remuans, ils ne sont point capables de cette marche froide et soutenue, de cette impassibilité que doit avoir une administration sage dans une monarchie constitutionnelle. Trop portés à un système républicain et démocratique, ils ne tardent pas à effrayer les indépendans, et bientôt ils ont contre eux, même les amis du repos, qui, par l'intérêt de ce repos, sont obligés d'en sortir pour combattre ceux qui menacent de les en priver. Dès-lors la situation du Gouvernement est contre nature ; la majorité, d'abord faible, devient bientôt considérable; la nouvelle administration est renversée, et l'ancienne reprend sa place, plus sage par les leçons que l'expérience lui a données.

Telle est inévitablement la marche de tout

gouvernement représentatif, et elle nous indique naturellement quel doit être le rôle que
chaque parti ou classe de citoyens doit jouer
pour remplir sa destination dans la société. Les
indépendans et les ambitieux trouvent leur
route tracée dans leur cœur; il est impossible
qu'ils s'en écartent; l'administration doit mo-
dérer, sans abandonner, sa tendance à l'em-
piètement, et les amis de la liberté ne doivent
point oublier qu'ils vivent dans une monarchie et dans une société civilisée; ils doivent
toujours maintenir, quelquefois corriger, et
jamais renverser.

On croit, sans que nous ayons besoin de le
dire, que le parti des indépendans est le pivot
sur lequel tout roule. Celui qui peut les obtenir de son côté, est sûr de la victoire : or le
gouvernement les conservera s'il est sage.
L'opposition, afin de les gagner, doit, autant que
possible, bannir de ses actes et de ses discours
la passion et la haine. Quand elle n'a point de
raisons solides à donner, elle doit au moins en
offrir de spécieuses, s'abstenir de personnalités,
conserver en toutes ses délibérations la dignité
convenable à des législateurs, et surtout ne
jamais attaquer les institutions fondamentales du
pays, soit par des argumens, soit par le mépris.

Telle est la marche qu'à suivie de tout temps l'opposition anglaise, jusqu'à ce que la fermentation causée par les idées pernicieuses et paradoxales de la révolution de France, en eut en partie changé l'esprit et la tendance Encore ce changement n'a-t-il été que très-peu considérable; il a occasioné la scission du parti de l'opposition, en ce que l'on appelle les anciens et les nouveaux Whigs. Dans une chambre qui se compose de plus de sept cents membres, à peine compte-t-on trente de ces derniers, et leur nombre n'est pas proportionnellement plus considérable dans la nation, surtout parmi les personnes à qui leur fortune, leur éducation et leurs connaissances donnent quelque influence dans la société.

Nous avons dit que la conduite de l'opposition doit être exempte de passion et de haine. En effet cette opposition est, ou prétend être l'amie et la protectrice des libertés du peuple. Dès lors elle doit tendre à obtenir sa confiance; et elle ne saurait y parvenir qu'en se montrant parfaitement désintéressée. Mais la passion et la haine ne le sont jamais.

Et l'on a beau, pour s'excuser, parler de la passion qu'inspire la liberté; de pareils discours ne font plus guère de dupes. Il faut pour y croire, confondre l'enthousiasme avec la passion, et ce sont deux choses bien différentes. L'enthousiasme est momentané; il est excité par l'idée d'un grand danger; la passion est continue; celle-ci dépend toujours du caractère particulier de l'homme qui l'éprouve; celui-là est plus universel. Tous les cœurs faits pour éprouver de l'enthousiasme, en éprouvent dans les mêmes occasions et pour les mêmes objets. Il est beaucoup plus indépendant du goût. De ce que l'enthousiasme est essentiellement passager, il n'est pas fait pour avoir une action constante; de là vient que l'on a imaginé le mot de passion pour la liberté, parce qu'il a fallu trouver quelque chose qui permît de feindre un état d'irritation continuel, nécessaire dans une révolution, destructif dans un gouvernement réglé, même quand il se trouve dans le parti de l'opposition.

La haine est bien plus éloignée encore du désintéressement. C'est d'elle surtout qu'une sage opposition doit se garder. Elle le confond sur-le-champ avec le parti des ambitieux hors de place. Amalgamée par le fait avec lui dans ses démarches et ses actes, elle doit avoir grand soin de faire servir ce parti à ses vues, et non à se rendre elle-même subordonnée aux projets qu'il forme. Elle détruirait ainsi tout le prestige qui doit l'entourer aux yeux du peuple, mais surtout elle éloignerait d'elle les indépendans qu'il doit être son premier et principal objet de gagner, vu que sans eux il est impossible qu'elle réussisse jamais à renverser l'administration.

Quelque bonne, quelque avantageuse que soit une mesure, il est impossible que quand on la scrute profondément, on n'y trouve quelque chose de louche. Les plans formés par les hommes ont toujours un côté faible. L'opposition ne manquera donc jamais de bonnes raisons à donner pour combattre les projets du gouvernement, et elle ne saurait jamais avoir besoin de mettre des injures à la place d'argumens. Si par hasard un plan était tellement simple et juste, qu'il n'y eût vraiment rien de plausible à y opposer, il vaudrait encore mieux débiter des sophismes que des insultes. L'opposition ne doit jamais perdre de vue que son but n'est pas toujours de réussir, c'est-à-dire de renverser effectivement l'administration; il faut, pour qu'elle y parvienne, un concours de circonstances qui ne se rencontrent que de loin en loin. Elle n'en rend pas moins de grands services au pays, en forçant le gouvernement à

veiller sur lui-même, et en portant un œil scru-
tateur dans ses mesures et dans ses projets.
C'est là sa place; elle y est plus utile qu'à la
tête d'une administration, où, comme nous l'a-
vons dit plus haut, elle ne saurait jamais se soutenir.

Que l'opposition se rappele encore que nous
ne sommes plus au siècle des Spartiates; et que
par conséquent les formes de la politesse et l'ab-
sence de toutes personnalités sont parmi les premiers objets requis de la part de ceux qui dis-
cutent. Un des points d'accusation qu'elle est
censée avoir à porter contre les ministres, est
de placer leur intérêt personnel avant celui du
pays; elle doit donc montrer un extrême désintéressement elle-même, sans quoi elle manque
évidemment son but; et le désintéressement
ne peut jamais s'allier avec les personnalités.
L'opposition doit attaquer les ministres dans
leurs actes publics et non dans leur vie privée, sur laquelle elle n'a aucune juridic-
tion.

Nous avons nommé ensuite parmi les devoirs de l'opposition celui de conserver sa dignité. Outre que c'est là ce que tout homme
se doit à lui-même, la nécessité en est bien plus
palpable dans les actes de sa vie où il se trouve

exposé aux regards du monde, et il devient même coupable quand il y manque dans les occasions où il représente et défend des intérêts étrangers qui souffriraient de son abaissement.

Mais le premier, le principal, le plus important des devoirs des adversaires de l'administration, c'est de ne jamais attaquer les institutions fondamentales du pays, soit par des argumens, soit par le mépris. Ce point est incontestable. L'opposition se dirige contre les actes de l'administration, et non contre les institutions de l'Etat. Bien au contraire, l'opposition par sa place doit être la gardienne la plus sévère de ces institutions. Du moment où elle cherche à les renverser, ou même à les modifier, fût - ce d'une manière avantageuse , elle sort de son rôle, et peut à juste titre être considérée comme l'ennemie du peuple dont elle a entrepris de défendre les droits. Elle peut signaler les abus qui se sont introduits soit par de fausses mesures, soit par le temps; elle peut s'efforcer de ramener autant que possible les institutions à leur pureté et à leur intention primitive; mais elle est criminelle, si, sous ce prétexte, elle cherche à leur donner une direction différente de celle que la constitution leur avait imprimée. L'opposition est utile dans un gouvernement monarchique et représentatif dont elle forme un des principaux ressorts ; mais par cela même, il faut qu'elle reste dans le gouvernement monarchique et représentatif, et qu'elle ne tende point à changer l'essence de ce gouvernement, soit en détruisant ce qu'il a de monarchique, soit en s'efforçant de le rapprocher des monarchies démocratiques de l'antiquité. Dans celles-ci, le peuple intervenait directement dans le maniement des affaires publiques, et cet état de choses est incompatible avec le système représentatif, qui en a conservé tous les avantages, sans en avoir les inconvéniens.

On vient de voir, par ce qui précède, que nous regardons une opposition comme de la plus haute importance dans une monarchie représentative. Nous sommes même convaincu que des ministres qui entendent leurs intérêts, ne voudraient point gouverner là où il n'y aurait point d'opposition ; elle les éclaire, les fait souvent revenir sur leurs pas, avant qu'il soit trop tard, et fait en même temps éclater leur habileté et leur dévouement au bien du pays, quand ils possèdent réellement ces qualités. Nous en appelons à toute personne impartiale,

et nous la sommons de dire si l'opposition anglaise, depuis trente ans, n'a pas servi à mettre
sous le plus beau jour la conduite des ministres
de cette nation. Les victoires et les défaites de
l'opposition ont été, les unes et les autres,
avantageuses au pays, et honorables, tant à son
gouvernement qu'à ce respectable noyau d'ancienne opposition, auquel se rattachent quelques-
uns des noms les plus illustres de l'Angleterre.

On ne nous accusera donc point de défendre
ici l'arbitraire ou le despotisme. Nous avouerons
même, que si nous étions dans le cas de nous
asseoir parmi les législateurs de la nation, nous
aimerions assez à nous placer dans les rangs
d'une opposition qui se montrerait prête à remplir
toutes les conditions que nous avons indiquées
ci-dessus. Dans cette disposition, il est assez
naturel que nous ayons souvent examiné avec
soin la conduite que l'opposition parlementaire
a tenue en France depuis qu'elle s'est formée,
et que nous nous soyons demandé si, organisée
comme elle l'est, et agissant comme elle le fait,
nous serions encore tentés de nous asseoir à la
gauche du président; et, franchement, nous
nous sommes répondu que notre conscience,
notre conviction, notre dignité nous le défen-
draient également.

Ne voulant pas laisser le moindre prétexte pour attaquer notre impartialité, nous observerons que les excès auxquels l'opposition s'est portée, doivent peut-être, en partie, s'attribuer à une fausse position dans laquelle l'ancien ministère s'était placé, et qui a influé sur celle du ministère nouveau, quoiqu'il sentît les erreurs d'un système essentiellement contraire à la nature des choses, et qu'il n'eût aucune envie de s'y prêter.

Tout le monde est d'accord avec nous sur la nécessité d'une opposition ; nous croyons qu'on ne le sera pas moins sur la place que doit tenir, et le rôle que doit jouer cette opposition. Ce rôle doit évidemment être celui de gardienne des libertés du peuple. Pour cela, il faut que le ministère ait au moins l'air de vouloir empiéter sur elle : si, au contraire, le ministère se déclare lui-même le plus ardent défenseur de ces libertés, s'il se met lui-même à la tête de l'opposition naturelle, ou bien il n'y aura plus d'opposition, ce qui serait un fort grand malheur, ou bien l'opposition sera du côté du pouvoir, c'est-à-dire que les représentans du peuple, au lieu de combattre les demandes de l'autorité, seront forcés de prendre la défense de l'autorité contre ses soutiens naturels ; c'est ce que nous avons vu.

Ces deux cas sont également déplorables. S'il n'y a plus d'opposition, la marche de l'administration et de la Chambre a beau être libérale, elle n'en tendra pas moins à l'arbitraire, et le Gouvernement dégénérera en olygarchie. S'il se forme une opposition du côté du pouvoir, tout le monde étant hors de sa place naturelle, des excès se commettent de part et d'autre, la nation se divise, les haines s'enveniment, parce que tout le monde a raison, et que le Gouvernement seul a tort. Quand l'administration marche avec le pouvoir, ceux qui le soutiennent estiment leurs adversaires, parce qu'ils sentent que leur rôle est beau, tandis qu'ils ont eux-mêmes au moins l'apparence contre eux, ce qui les force à garder des mesures. Dans l'autre cas, leur position est d'autant plus fausse et plus cruelle, qu'amis du repos, ils sont obligés de combattre pour le maintien même de ce repos, et que les mesures les plus justes et les plus raisonnables, faites par eux, paraissent funestes, parce qu'elles sont contraires aux vœux de ceux mêmes en faveur desquels elles semblent être faites. De là naît encore une méfiance invincible des citoyens les uns contre les autres, et de tous contre l'administration, ce qui est l'état le plus malheureux où puisse se trouver un gouvernement représentatif.

Cette faute du dernier ministère a influé sur la position de celui-ci, et l'a empêché, malgré d'excellentes intentions, de procurer à l'Etat tous les avantages du changement de système qui a eu lieu. En se faisant oppositionniste ou *whig*, l'administration se donne une apparence de générosité et de désintéressement qui trompe la multitude, et quand une nouvelle adminis-tration succède à celle qui a commis une pa-reille faute, elle n'ose pas dans le premier moment reprendre la place qu'elle doit natu-rellement occuper, pour ne pas encourir le blâme de ceux qui se sont laissés égarer, pour n'avoir pas approfondi la véritable marche d'un Gouvernement représentatif.

Dans ce Gouvernement le Roi est l'âme, et les Ministres sont les membres agissans : le Roi est la source de toute autorité. Il ne peut, en aucun cas, compromettre cette autorité, ni renoncer à la moindre partie de celle dont il jouit. Il la tient comme un fidéi-commis qu'il doit transmettre à ses successeurs dans toute son intégrité, afin que ses successeurs puissent protéger les générations futures, comme il a protégé la sienne. Mais dans tout ce qui a rapport à l'homme, la vie est inséparable du mouvement. Une inaction complète ne tarde pas à amener la mort. De même dans une constitution politique, l'autorité royale et les libertés du peuple doivent sans cesse réciproquement augmenter, diminuer ou périr, et la perfection d'une constitution, consiste à causer un balancement tel que le mouvement nécessaire à l'existence du corps social, ait lieu sans pouvoir, en aucun cas, occasioner la perte d'une de ses parties : pour cela, il faut que l'autorité royale tende toujours à s'augmenter, et que la partie populaire, de son côté, s'efforce de maintenir ses priviléges. Si au lieu de cela l'autorité se jette dans les bras du parti populaire, ou bien que le peuple se livre sans défiance à l'autorité, le balancement cesse, et une révolution devient inévitable.

Le véritable système de l'administration, qui n'est autre chose que l'autorité royale personnifiée, est donc de tendre au développement de sa prérogative, en laissant à l'opposition le soin de veiller à ce qu'elle n'aille pas trop loin, et c'est ce que le dernier ministère n'a point fait.

Il n'entre pas dans notre plan de discuter les

motifs qu'il a pu avoir pour sa conduite : car ce n'est point un ouvrage de parti que nous voulons faire. Notre intention est de parler raison, et de persuader, si nous le pouvons. Or le fait a existé, il est incontestable, il suffit pour la suite de nos argumens.

Il est également vrai de dire que l'ancien ministère, malgré la faute qu'il a commise, n'a jamais eu le but de renverser la constitution. Il a cru sans doute, au contraire, que son système était le plus propre à la maintenir. Dèslors, tout en se mettant dans le parti de l'opposition, il a dû rencontrer dans ce même parti des esprits exagérés qui voulaient aller beaucoup plus loin que lui, soit qu'ils tendissent réellement au renversement de la constitution, pour en mettre une autre à sa place, soit que leur jugement complétement faussé, leur persuadât qu'ils travaillaient pour elle, tout en l'attaquant dans ses parties les plus essentielles ; soit enfin qu'ils fussent du nombre de ces patriotes par état, dont nous avons parlé plus haut. Jamais l'ancien ministère ne s'est réuni à ces exagérés. Il s'est donc formé, dans le parti même que suivait l'administration, une nouvelle opposition qui n'avait aucun des avantages d'une op-

position constitutionnelle, puisqu'elle était essentiellement anti-constitutionnelle. Elle a fait
même un mal irréparable, en maintenant l'administration dans son erreur. De là cette fausse
et funeste idée du juste milieu entre les partis
exagérés ; cette comparaison des royalistes
avec les révolutionnaires ; tandis que pour ou-
vrir les yeux à une administration égarée, il
eût suffi qu'elle se fût une seule fois demandé
à elle-même, où était cette opposition franchement libérale, mais purement constitutionnelle,
qui doit veiller sur les empiétemens du pouvoir. Elle ne l'eût trouvée nulle part.

Lorsqu'enfin le Gouvernement sentit son
erreur, et rentra dans la route naturelle, qu'ar-
riva-t-il ? Le parti de l'opposition, qui avait
vu pendant si long-temps l'administration marcher avec elle, crut que tout était perdu. Il
s'imagina qu'une révolution complète allait
s'effectuer dans le sens de l'autorité arbitraire,
et révolution pour révolution, il préféra celle
du parti populaire, et se réunit, probablement
contre la conviction d'une grande partie de ses
membres, avec ces exagérés, qui même, sous
l'ancien ministère, étaient opposés au Gouvernement. Depuis ce temps, la marche de l'op-

position n'a rien offert de constitutionnelle : elle a constamment tendu au renversement de l'ordre établi.

La partie qui nous reste à traiter est la plus délicate, quoiqu'elle ne soit pas la plus difficile de notre ouvrage. Il s'agit de prouver, par des faits, que l'opposition libérale, autrement dite le côté gauche de la Chambre des Députés, n'a rempli aucun des devoirs imposés à la position où elle prétendait se placer.

Quoi de plus contraire à la dignité de législateur, que cet esprit de coterie qui anime tous ses membres, ces applaudissemens obligés aux phrases les plus niaises, pourvu que les mots de patrie, de liberté ou de gloire s'y trouvent, semblables au refrain obligé d'un vaudeville; ces encouragemens familiers qu'ils se prodiguent mutuellement, à haute voix, et en se nommant par leurs noms; ces plaintes mêlées d'impatience sur la prétendue partialité dans l'ordre des délibérations, ces assauts donnés à la tribune, qu'ils disputent non-seulement à leurs adversaires, mais encore souvent entre eux-mêmes; enfin, ces retraites en masse, calculées pour faire des coups de théâtre, et qui ne sont que ridicules?

La haine ne perce-t-elle pas, dans les accusa-

tions , toujours répétées et jamais appuyées par
le moindre fait, de réaction, de contre-révo-
lution, d'atteintes aux propriétés? Ne se montre-
t-elle pas à découvert dans ces nombreuses pétitions qui, après avoir occasioné les discus-
sions les plus amères, se trouvent en définitive
n'avoir renfermé que des faits faux ou gros-
sièrement altérés, et souvent des noms de
plaignans imaginaires? Est-ce par de pareils
moyens que l'opposition espère se concilier les
voix des hommes indépendans et justes?

Faut-il citer des injures? On trouverait à
peine une séance qui n'en offrît de nombreux
exemples; nous nous bornerons à indiquer les
insultes dont le digne président a été constamment l'objet, et celles, aussi basses que gros-
sières, par lesquelles le Ministre de la justice a
été dernièrement accueilli, et sur lesquelles nous
aurons occasion de revenir plus bas.

Nous arrivons au point le plus important. Le
côté gauche n'a cessé d'attaquer, directement ou
indirectement, par des argumens ou par le mépris, les institutions consacrées par la Charte; il ne
forme donc point une opposition constitutionnelle telle que nous l'avons demandée, et telle
qu'il faudrait pour servir au maintien du Gouvernement et des libertés nationales; et les mem-

bres de ce côté, tant qu'ils persisteront dans la marche qu'ils ont adoptée, seront de véritables en-nemis du Gouvernement et de tous les citoyens.

La Charte française ne reconnaît, en au-cun de ses articles, le droit de l'intervention populaire aux délibérations législatives. Cette intervention n'est nullement nécessaire à l'ac-tion d'un Gouvernement représentatif. Il en existe en Angleterre une ombre, consacrée plu-tôt par les coutumes que par aucune loi positive, et que tous les bons esprits repoussent. Eh bien! cette même intervention populaire a été sans cesse le point de mire de notre opposition, tous ses efforts ont tendu à l'organiser; plusieurs fois elle y est parvenue, notamment au mois de juin 1820, et lors des troubles dans les Ecoles de Droit et de Médecine, se mettant par là en opposition directe avec l'article de la Charte qui prohibe les pétitions collectives, précisé-ment parce qu'elle n'a pas voulu donner même un prétexte à ceux qui voudraient attirer le peuple dans les délibérations des assemblées, et parce qu'elle a été justement alarmée des suites que son intervention a eues pendant la révo-lution.

Nous serions entraînés trop loin, et dans une discussion trop grave, si nous voulions citer les nombreuses occasions où le côté gauche de la Chambre a cherché à renverser l'article de la Charte par lequel la Religion catholique est déclarée Religion de l'Etat. Ses lois, ses cérémonies, ses ministres, sont partout livrés au ridicule, accablés de reproches ou chargés d'opprobre; la liberté même de conscience est enlevée à ceux et à ceux-là seuls qui la professent. En Angleterre, les lois humaines flétrissent le Suicide, et vengent la société outragée par lui jusque sur ses descendans. En France, l'on ne veut pas même permettre que l'Eglise, par des peines de discipline intérieure, fasse connaître à ses enfans toute l'horreur que ce crime lui inspire. Le ministre de la plus sainte des Religions, de la Religion constitutionnelle de l'Etat, n'osera pas faire tonner les foudres du Ciel sur ses enfans égarés, de peur qu'au sein d'une famille impie, il n'en convertisse un membre, et ne trouble par là la douce sécurité de ceux qui trouvaient leur vie profane trop simple et trop commode. La justice éternelle et divine, la conscience, le bon droit, doivent être soumis à de nouvelles règles, parce qu'il pourrait arriver que pour mourir en repos, pour se réconcilier avec le Ciel, on voulût faire un léger sacrifice qui déplairait à d'avides héritiers, ou que des survivans jaloux ne se sentiraient pas la force ou le désir d'imiter.

Quand M. de ***, descendant d'une famille illustre et *titrée*, prend plaisir, dans ses discours, dans ses écrits, de dédaigner son titre, et, partisan de l'égalité, s'appelle M. * * tout court, en attendant qu'il puisse se dire le citoyen *** ; quand M. de ****, qui, après avoir perdu un titre par la révolution, en a recouvré un autre sous le régime de l'usurpation, affecte de préférer celui-ci au premier, quoiqu'il soit d'un rang inférieur ; s'imagineraient-ils par hasard qu'ils n'attaquent pas l'article de la Charte qui dit que l'ancienne noblesse reprendra ses titres ?

Indépendamment des attaques directes à la Charte, auxquelles le parti de l'opposition ne cesse de se livrer, celles qu'il se permet indirectement contre les institutions, les lois, les usages, sur lesquels il s'efforce de répandre le mépris ou le ridicule, se renouvellent chaque jour, et montrent évidemment son but de renverser ce qui existe, pour mettre à la place les rêves de son cerveau malade.

Tantôt il défend et prend sous sa protection immédiate, les personnes qui, chargées d'instruire la jeunesse, faussent son jugement et pervertissent son cœur. On a vu parmi elles, des agens de ce parti, préconiser dans leurs ouvrages la licence, excuser le meurtre et justifier l'homicide. Tantôt laissant en paix les lois, il se forme un système réglé de conduite, par lequel les jugemens les plus solennels, les plus impartiaux sont attaqués, les tribunaux traînés devant l'opinion publique, et la désorganisation portée jusqu'aux bases de la société par le doute répandu sur l'équité de la chose jugée. Ce système, adopté il y a quelques années par ces membres exagérés auxquels l'ancien ministère n'avait pas voulu s'allier, est maintenant celui de tous, même des plus modérés. Le Ministre de la justice, dans cette séance à jamais mémorable, où la haine et l'inimitié se sont montrées dans toute leur hideuse nudité; le Ministre, disons-nous, s'en est plaint; on a eu la hardiesse de l'interpeller pour qu'il citât des faits. Nous, qui n'avons pas les mêmes ménagemens à garder, nous allons répondre à cette interpellation, à laquelle le chef de la justice n'a cru sans doute devoir que le silence du mépris.

Nous dirons que non contens d'empoisonner les esprits des Français, en inondant le royaume d'écrits semblables à celui de M. Bavoux, sur le

Code pénal ; à celui de M. Guizot, sur les conspirations politiques ; à celui de M. Bignon, sur les affaires de Naples, les gazettes étrangères se remplissent journellement des articles les plus mensongers, les plus grossiers, les plus ridicules, où tout ce qu'il y a d'honnête et de respectable en France, est sans cesse traîné dans la boue. Le *Morning-Chronicle*, le *Sun*, etc., sont les réceptacles de ces correspondances, par lesquelles on cherche à induire l'Europe en erreur, sur la situation, les opinions et les vœux de la France.

Comme il ne faut jamais rien avancer sans preuves, nous allons donner ici la traduction d'un de ces articles. Nous prions d'avance le lecteur d'observer qu'ils partent des plumes de ces mêmes patriotes qui prétendent que ce sont les royalistes qui avilissent la France en l'amenant devant le tribunal de l'opinion européenne. La lecture de cette composition infâme suffira pour faire connaître quels sont ceux qui avilissent leur patrie. Nous n'avons sans doute pas besoin d'observer qu'il ne pouvait y avoir aucun prétexte à de pareilles publications ; que si une censure partielle met de légères entraves à la liberté des journaux, il n'en existe aucune à celle des ouvrages d'un peu plus d'étendue, et que par conséquent le but de ces correspondances ne pouvait être, comme nous l'avons dit plus haut, que celui de calomnier sans risque et de tromper l'Europe. Noble et digne usage de la plume d'un écrivain libéral et soi-disant patriote ! Mais venons au fait : voici ce précieux morceau.

Extrait du Journal anglais THE SUN, *du 9 mai 1821.*

CORRESPONDANCE PRIVÉE ET AUTHENTIQUE.

« *Paris, le 30 avril.* — J'ai eu fréquemment l'occasion de faire des observations sur la conduite scandaleuse des tribunaux français qui sont tous, à l'exception de la Cour de Cassation ; vendus à la faction ultrà-royaliste et au gouvernement occulte. Samedi passé, on a appelé la cause de M. Bergasse, qui a publié un ouvrage dans lequel il déclare, en violant ouvertement la Charte, que les propriétaires des biens nationaux et ecclésiastiques sont criminels, et que les émigrés ainsi que le clergé, ont le droit d'insister sur la restitution des propriétés confisquées. Le gouvernement a fait saisir l'ouvrage et poursuivre l'auteur, qui a été acquitté par les voix unanimes des jurés ; mais faut-il s'en étonner, quand les milliers d'assassins du Midi qui s'appèlent royalistes, se montrent au grand jour et ne craignent rien ? Si la monarchie française succombe, ce ne sera pas par les attaques des libéraux, mais par celles de ses prétendus amis. Par l'arrêt de samedi, tout auteur est autorisé à publier que la Charte est révolutionnaire, et qu'aucun Français ne doit y obéir ; qu'elle consacre l'injustice et le vol, et que le Roi.....» (Notre plume se refuse à tracer le reste de cet horrible écrit).

Dans une autre de ces lettres, en date du 16 mai, se trouve le passage suivant : « Un exemple encore plus récent, démontre que les tribunaux de 1821 ne valent pas mieux que ceux de 1818 : et Bergasse, l'infâme Bergasse, qui avait publié un ouvrage dans lequel il excitait ouvertement les anciens nobles et les prêtres à égorger le peuple, a été acquitté, quoique poursuivi par le ministère public. »

Ce n'est donc pas sans raison que le Ministre de la justice a dit que les jurés étaient ravalés, qu'ils étaient sans cesse poursuivis du reproche d'être asservis, de la manière la plus honteuse, à l'autorité, et la prétendue opposition n'a trouvé d'autre rép nse à ces vérités que des injurmures, des cris confus et des outrages : jaloux, sans doute, de prouver, dans une seule séance, qu'elle savait manquer à-la-fois à tous les devoirs auxquels sont tenus de s'astreindre les hommes qui se consacrent au noble rôle de défenseurs des libertés du peuple, sous un gouvernement constitutionnel.

Nous devrions peut-être terminer ici cet écrit, puisque nous avons prouvé ce que nous avions entrepris; savoir : que le côté gauche de la Chambre des Députés, tel qu'il est organisé présentement, n'offre point une opposition constitutionnelle, tendante à éclairer et à maintenir l'autorité, mais un ennemi acharné à la perte de cette autorité, et visant ouvertement à la ruine de nos institutions qu'il veut sans doute remplacer par quelques chimères de son imagination. Après avoir indiqué les devoirs d'une opposition réellement patriotique, nous avons essayé de suivre la marche du parti qui se donne pour tel en France, et nous avons démontré jusqu'à l'évidence que ces devoirs et cette marche n'ont rien de commun. Notre tâche est remplie, et nous pourrions en rester-là, si nous ne sentions un besoin irrésistible d'éclaircir quelques points que le parti libéral a singulièrement obscurcis, soit qu'il y ait vraiment mis de la mauvaise foi, soit qu'il se laissât aveugler par le besoin de marcher à son but par tous les moyens possibles.

Le premier point est la liberté de la presse, qui, selon les libéraux, n'existe pas parce que les journaux français ne peuvent pas à leur gré, insulter le Gouvernement et les citoyens les plus respectables, et qu'ils sont obligés de déposer leur venin dans les feuilles étrangères. La liberté de la presse, réside-t-elle donc uniquement dans les journaux? Les livres les plus pernicieux, les pamphlets les plus infâmes ne circulent-ils pas librement? N'attaque-t-on pas tous les jours dans ces pamphlets les mesures du Gouvernement, les lois, les institutions, sans qu'aucun frein soit mis à leur circulation? Les condamnations sont-elles d'une fréquence excessive, les peines d'une rigueur sans exemple? Non certes : dès lors la presse est libre et elle le serait même quand on devrait supprimer tous les journaux. Quant à cette liberté illimitée que les libéraux réclament, elle n'existe pas plus en Angleterre qu'en France. Trois points de la législation anglaise que nous allons citer suffiront pour prouver ce que nous avançons. Ces points sont : 1° la double culpabilité du libelliste qui peut être poursuivi, *au choix du plaignant*, soit pour calomnie, soit pour atteinte à la paix du roi; dans le premier cas il paye des dommages-intérêts, mais il est admis à prouver la vérité du fait; dans le second il n'est passible que d'une amende et d'un emprisonnement; mais la vérité n'est pas pour lui une justification; 2° le droit de tout particulier, de se mettre à la place du procureur-général et de poursuivre d'office; 3° enfin le droit du procureur-général, en matière de la presse seulement, de mettre en état de prévention et de n'intenter les poursuites qu'au bout de dix, quinze et vingt ans s'il le juge convenable, laissant pendant tout ce temps le glaive de la justice suspendu sur la tête de l'accusé, qui reste même privé de sa liberté, s'il n'a pas le moyen de fournir deux cautions valables, pour des sommes souvent très-fortes. Telles sont une partie des garanties, que les lois anglaises ont données à la société contre les abus de la presse: et, à tout prendre, nous ne croyons pas que la position du pamphlétaire, soit plus désavantageuse en France.

Le second point sur lequel les libéraux, et notamment les membres du côté gauche de la Chambre, sont dans une erreur extrême, concerne les priviléges des députés, et ce qu'ils ap-

pellent leur inviolabilité. Parce qu'en Angleterre, un membre du Parlement ne peut être
emprisonné pour dettes, ils s'imaginent qu'un
député, en France, doit avoir presque le droit
de commettre un crime, sans que la justice ose
le poursuivre. Ils croyent que la liberté de la
tribune leur donne le droit d'attaquer l'honneur
et la réputation des citoyens les plus étrangers aux
fonctions législatives; enfin, ils se persuadent
que la presse est plus libre pour eux que pour
le reste de la nation. Tel libelle qui, écrit par
un particulier, lui ferait encourir une grave con-
damnation, devient, s'il faut les en croire,
innocent, du moment où il porte le nom d'un
député, surtout s'il a jugé convenable de mettre
en tête que ce pamphlet est un discours qu'il a
prononcé ou voulu prononcer à la Chambre.
Cette opinion est aussi dangereuse qu'erronée.
Plusieurs décisions judiciaires ont consacré en
Angleterre, et ne peuvent manquer de consacrer
tôt ou tard, en France, parce que la nature
des choses l'indique et que l'ordre public
l'exige, que l'inviolabilité du député (excepté
dans quelques cas spécifiés) et le privilége de la
parole dont il jouit dans la Chambre, cessent
du moment où il en quitte les murs. Tel dis-

cours, prononcé et applaudi dans l'intérieur du Parlement, devient un *libelle* quand il est imprimé, et peut, comme tel, être poursuivi devant les tribunaux. Les arrestations de lord Cochrane et de sir Francis Burdett indiquent que les députés peuvent être poursuivis pour toutes sortes de délits. Les affaires de lord Abingdon et de M. Creevey ont prouvé que les priviléges du Parlement ne permettent pas à ses membres de répéter hors de la Chambre ce que ces mêmes priviléges autorisent dans ses murs.

Encore une fois, nous aimons à présenter nous-mêmes tous les argumens dont nos adversaires pourraient s'autoriser, car nous ne voulons pas qu'ils prétendent, qu'en les accusant, nous n'avons offert qu'un côté de la question. Nous n'ignorons pas que la conduite que nous exigeons de notre opposition est extrêmement difficile à tenir, au sortir d'une révolution durant laquelle la manie des systèmes a agité toutes les têtes. Nos nouvelles institutions contrarient une foule de vanités et de passions; il n'est donc pas étonnant que bien des gens s'efforcent de les renverser; mais tout en reconnaissant la vérité de cette observation, tout en avouant qu'il est peut-être impossible d'organiser maintenant

en France une opposition telle que nous la vou-
drions, nous ne pouvons en tirer qu'une seule
conséquence : c'est qu'il faut se rallier franchement à l'autorité, qui, de son côté, doit fermer
l'oreille aux flatteries et aux craintes par lesquelles on cherche à l'égarer dans sa route.
Que cette route reste ferme, que la majorité
soit inébranlable, et nous éviterons les premiers
dangers. Quant à la véritable opposition, c'est
aux électeurs qu'il appartient de nous la donner.
Qu'ils écartent impitoyablement tous les hommes qui ont marqué dans la révolution, qu'ils
se méfient des faiseurs de constitutions, qu'ils
tremblent devant les sycophantes du despotisme. Les uns doivent aimer le trouble, les autres
se bercent de vaines chimères; aux derniers, la
légitimité est un spectre qui agite le repos de
leurs nuits. Tous doivent tendre, par goût,
par vanité ou par frayeur, à nous priver des
biens si chèrement achetés. Qu'ils cessent donc
de siéger à notre Chambre élective! Ceux qui
voudront créer une respectable opposition,
n'auront pas de peine, sans aller chercher des
noms tristement célèbres, à trouver des hommes indépendans par leur fortune, et libéraux
par leurs opinions, mais dont la vie entière

n'offre ni une action qui les fasse rougir, ni un antécédent qu'ils soient forcés de défendre, ni un crime qu'ils n'aient plutôt le courage d'effacer.

A. ÉGRON, IMPRIMEUR, RUE DES NOYERS, N° 37.